Colección #70

«Enhorabuena»

Amaury González Reyes

OASIS & ALAMBIQUE
PUBLISHING

Published by:
OASIS & ALAMBIQUE PUBLISHING CORP.
Miami, Florida
(c) 2020 Amaury González Reyes
~Colección #70: "Enhorabuena"
ISBN- 9798673671177

Esta colección #70 fue finalizada en Miami, en el mes de octubre del 2010.

TÍTULOS

1- <u>AUTORRETRATO CINCO</u>

En este mi autorretrato cinco, yo voy y estoy en el lugar que quiero. Estamos saturados de cosas, nos hemos adelantado tanto, que se nos ha olvidado vivir. Esto encierra la vida como tal, es el objeto el cual poseemos y no conocemos su esencia ni de dónde proviene. Pero, sin embargo, sí, estamos de lo último en la moda en Paris o de los concursos de Miss Universo.

Por eso ya no me parezco tanto, a aquel canijo que andaba descalzo en el siglo XX. Comencé a ver que a mi esencia le falta algo y recibí el voto del hallazgo de Dios en mí mismo. Desde entonces, no he parado de descubrir la vida que me toca y la acepto con mucho amor y dulzura. Hago lo que deseo y camino por donde se debe caminar; si tropiezo me levanto o me curo la herida y sigo andando, aunque haya quedado cojo.

Nada repito que ya haya hecho. Soy un tropel de búsqueda; me reintegro, me estudio y prosigo hacia la meta y disfruto el Resultado.

2- EL TUBÉRCULO

La esfera del terráqueo es un tubérculo, en el cual habita una bacteria desde Australia hasta el Polo Norte. Es la manipulación heredada. Las raíces se han ramificado por siglos. Han envenenado la vida de nuestro tubérculo. Aquí falta aire, pero todavía queda oxígeno suficiente, para resplandecernos de nuevo.
La bolita de cristal, nos las han humeado, para opacarla y así no veamos el verdadero camino a seguir. El tubérculo se pudre si no lo fertilizamos pronto. Pero la buena noticia es que podemos todavía recuperar la realidad que nos pertenece. Nadie pude manipularnos si no queremos··· Busquemos en nuestro interior lo que somos y para lo que estamos hechos para captarnos nosotros mismos.
El tubérculo necesita que Dios lo limpie y lo aminore de pamplinas. Sólo va quedando escaras en su epidermis; porque le arrojamos porquerías innecesarias y lo hemos contaminado con ideologías mudas.

3- <u>AMANTE SECUESTRADA</u>

Es tan tarde que no amanece, porque en tus labios hay perpetuidad con los míos. No existe aposento donde ocultarnos ni ocho maravillas para describir tu secuestro. El relampaguear del cielo nos hace descubiertos, a la intemperie de dos almas que se atraen más allá de las cosas que no se pueden ver. Trata de llover, pero tú te guareces en mis brazos. Estás acallada, estás luciente en mi presencia, me atrapas, me insinúas que te escapas y no te dejo.

Es tan tarde que no amanece, estás secuestrada en mi pecho. Te amo, me amas y nos desnudamos con los ropajes puestos. Estamos aquí, debajo de este cielo que nos dice que somos fuego, tan ardientes como sus rayos transversales. Coqueteo con tu pelo diferido sobre tu perfecta espalda femenina; tú, coqueteas completamente conmigo y me regalas de vez en cuando tu lengua, sobre todo cuando no quieres y sí quieres, decirme palabras para exaltarme y reprocharme que somos amantes.

Es tan tarde que no amanece y aquí en la ciudad nadie sabe que eres mi amante secuestrada. Te vas calando en mis vértebras, siento que me estremeces y me erizas con tus toques la médula. Vienes hasta mí, te apartas, me enloqueces, me dices que te alejas, te digo que no··· Pero vuelves a reaparecer y me acusas que te secuestro. Y así repetimos nuevamente otra tanda de besos y nunca amanece.

4- <u>SI VAS A ESTAR CON ALGUIEN</u>

Emperatriz de mis sueños,
bastarda de mi inspiración,
mercurio cromo de mi Ser,
sedativo enloquecedor,
sirena de calles centrales,
menisco de mi pasión,
palmadita en el pecho,
refugio de noches tristes.

No te vayas tan lejos
que te acerca mi amor;
si vas a estar con alguien
que sea conmigo.

Columna que escribo,
risueño en tu compasión,
conjeturas de tu cuerpo,
retozo de cuatro estaciones,
bisbiseo en tu cuello,
ternura en tus sábanas,
marimba de tu voz,
centavo en tu patrimonio.

Amor, no te vayas lejos
que ahora estás cerca;
y si vas a estar con alguien
que sea conmigo.

5- <u>CUANDO YO PUEDA SER POR TI</u>

Cuando yo pueda ser tu sueño,
cuando tus labios se unan a los míos
llegará la eternidad a mi vida,
habrá un angelito debajo del cielo.

Cuando yo pueda abrazarte
culminará la guerra del Medio Oriente;
e irán apareciendo las piedras preciosas
que no se han hallado.

Cuando yo pueda emigrar
a tus alas de gaviota y sumergirme en tu nido,
ese que llevas en tus entrañas;
ese día volaré hacia a ti.

Cuando yo pueda ser por ti
espacio clandestino de cualquier gobierno;
tú te convertirás en átomos de mi composición,
ternura en mi piel.

Cuando yo pueda ser alquimia
nos fundiremos en el mar de flores
que llevas en tu pecho,
en la fantasía que nos permite viajar juntos.

Cuando yo pueda ser por ti
el permiso de cualquier cosa prohibida
o un Comienzo sin final…
Sólo falta que vengas y me ames.

6- <u>NI UNA MUSA APARECE</u>

Ni una musa aparece esta noche…
Roberto dice que es parte de la crisis;
¿Qué crisis? Se grita así mismo Roberto…
Está con un trasmallo en su habitación cazando algo
y sabe que, en el piso de arriba,
está la vecina desnuda.
Carecen de pistilos los estambres de la hambruna,
y Roberto es la desolación personificada…
¡Y ni una musa aparece esta noche!

Yo igual que Roberto
albergo mis huesos en una habitación
junto a mis padres…
Y en vez de compartir cama contigo
la comporto con la sombra del olvido;
retirado antes de tiempo,
vencido en mis sueños en vano,
amando el preludio y exterminado en el epílogo
cuando ni una musa aparece.

A Sofía le pasa exactamente lo mismo,
espera la imaginación de golpe
para así poder masturbarse con el marido de la amiga;
ella es dibujante y en sus pinturas,
sólo aparecen tres en orgía:
representa a la amiga, al marido y a ella misma
sobre el óleo encantado…
Sin embargo, ni otra musa le aparece.

No sé qué vamos a hacer
Roberto, Sofía y Yo;
las musas han volado sobre los cielos
y se esfuman cuando nadie compra espacio…
Yo catalogo en aberración a la inspiración,
la adicción a la entrega incondicional,
el motivo imprevisto a la realidad subversiva
y el resultado final es que,
ni una musa aparece para preñar la vida
de obras que son más uno,
que nosotros mismos nuestros.

Necesito que aparezca una musa
que me atrape y me eleve al Pacífico,
que me envuelva en sus brazos
y me alebreste el viril entorno de mis jocosidades;
ya no puedo ser más un destusado
por falta de vibraciones sensoriales,
de un poeta que no se sale de vacaciones
por su necesidad inmediata,
de distraer el arte para interpretarlo
en su alma y resumirlo en la tinta.

¡Dios que aparezca una musa!
Porque ni una sola aparece para mí,
ni para nadie que la necesite tanto como yo;
ya Roberto se suicidó hace un mes
y Sofía está desahuciada en un sanatorio.
Ahora sólo quedo yo,
espero que me des la clave del tabernáculo
donde pueda hallar mi musa.

7- <u>¿QUÉ HARÉ ESTA NOCHE SIN TI?</u>

Esta noche, cosecha aguinaldos dormidos
y hay televisión con noticias depresivas···
La fogata de esta noche se empieza a escurrir
junto al rocío de la madrugada;
yo duermo con los ojos abiertos
y el desvelo toma café con la almohada.
Sé que en el flagelo campante del divagar mental
aparece la pregunta invariable del «dónde estás»;
y yo apetitivo en el balbucear de la espiga
me caigo en cada grano de trigo que el destino
ha descolgado de mi vida.
¡Qué absolutismo es la espera negra!
La estadía que ya pasó y no se olvida
porque el regreso es un camino que se deja abierto,
cuando se cree que las cosas están inconclusas.
En un rato salgo al trabajo y las luces ya se apagaron,
la ciudad parece la vendetta de haberte conocido,
odio el ruido de los transeúntes que aprietan
en las escaleras de los duplos de al lado;
el chicharrear de los murciélagos me tratan de animar
en el sendero vecindario y tú no constas por aquí.
Y finalmente, me surge esta interrogación insurgente
que bastaba para concluir tanta divagación inadmisible,
repletada de metáforas y tristezas del alma:
¿Qué haré esta noche sin ti?
Sin ti, ¿qué hará la noche?
Quizás, falte el cobijo de las estrellas
o al amanecer el cielo siga negro en vez de azul,
y las campanas de la iglesia soltarán pólvoras
en cada uno de sus atenuantes campanazos…
Mi piel se convertirá en poliéster;
me estiraran el pellejo los amigos, los vecinos,
hasta la incogible familia obsoleta y cruel.
Me pudriré el cerebro con tus recuerdos,
viajaré a Madagascar contigo en primera clase,
solamente para ver la tundra polvorienta,
anidarme en la cicuta de tu espacio despedido,
embalsamar mis huesos en el encaracolar
de tus caderas arrítmicas en las nocturnidades…

¿Qué haré esta noche sin ti?
Una pregunta sin respuesta en mi respiración…
Una sandalia vacía en espera de tu pie,
un verso en uno de mis libros desocupados
al otro extremo de la cama sin lectora.
Y no sólo es triste que sea una noche sin ti,
sino que la suma de una noche como esta con otras,
sumará la eternidad de mi sufrimiento.

8- <u>EL TURISTA DE TU DESTINO</u>

Echo en mi maleta un par de besos,
cierro la puerta de mi casa y me voy;
sé que llegaré a tu piel y embelesos,
alunizaré en tus poros con lo que doy.

Me convertiré en el viajero de tu tez
cuando toque con mis manos tu cara;
he decidido el vacacional en tu desnudez
y beber un tequila con temas de Lara.

Andaré en tus entrañas con mi boca,
te incursionaré y sacaré un boleto;
y en este tour tu cuerpo me provoca
donde Cupido me empleó como tu objeto.

Me llamarán en todo el recorrido frío
porque en tus ojos pondré calor;
yo no te diré que he llegado tardío
ni mucho menos sin ganas del amor.

Y visitando las tiendas de tu ciudad
compraré y cenaré mientras por ti camino;
nadie sabrá cuál es nuestra verdad,
ni que yo soy el turista de tu destino.

9- <u>MAÑANA DESPERTAREMOS CON OTROS</u>

Mañana no le faltes a mis labios
que te esperan y resurgen con tus besos;
mis labios que han sabido ser tus labios
y mis besos en tu boca ser besos.

Mañana cuando amanezca te veré
no sé si despierto o trasnochado;
producto de toda la noche haberte pensado
o por cuestión de no tenerte, me desvelé.

Mañana tus escalofríos serán los míos
y tus caricias moverán mi cuerpo;
míos serán también tus escalofríos
y tu cuerpo mañana también, será mi cuerpo.

Mañana despertarás con otro
como despertaré yo con otra;
mañana retozaré sobre tu figura como potro,
mañana retozarás conmigo como potra.

Mañana despertaremos con otros
y no habrá repudios ni asociaciones de terceros;
mañana finalmente volveremos a ser nosotros,
los que amándonos somos los primeros.

10- <u>ME QUEDO ESPERANDO POR TI</u>

Me quedo en este siglo esperando por ti,
no moriré hasta que no aparezcas;
le pondré el nombre de "Pensar en ti"
al restaurante donde reaparezcas.

No me moveré de este sitio para no perderte,
no me iré de vacaciones ni de viajes por Europa;
yo en mi pecho quiero retenerte,
yo quiero convertirme en tu ropa.

Me quedo en este país esperando por ti,
no importa que incineren mis huesos;
que yo solamente vivo si pienso en ti,
que yo por ti, me burlo de todos los procesos.

Me quedo esperando por ti cada noche,
las mañanas amanecen por tu pesquisa;
estás plantada en los ojales de cada broche
que desabrocho de mi camisa.

Y esperando por ti estoy con paciencia,
no sé si vendrás, no sé si para siempre te has ido;
pero si decido esperarte es por la beneficencia
de elegir en el deseo de no echarte al olvido.

11- <u>**EL COLOR DE TUS SENTIMIENTOS**</u>

Un día dices que me amas
y otro día que no sabes…
Y es que el color de tus sentimientos
no lo ves claro y lo opacas,
con incertidumbres inmaduras.
No has aprendido a amarme,
a aceptarme como soy,
te involucras en cualquier cosa
que provoque el olvido de mí.
Tú no conoces el color de tus sentimientos,
como tampoco me conoces a mí.
Vives confundida,
me arrastras con tu confusión,
el color de tus sentimientos
es nefasto para poder quererme;
mientras sigues buscando un hombre
que no soy yo…
No has tenido paciencia
para esperar por mi amor,
en la distancia de este delirio,
en las situaciones de cada cual,
son trifurcaciones sobre mi persona
lo que haces con tu sentir disperso.
Tal vez sea lo que no esperabas
o has esperado por alguien que no soy yo...
Has idolatrado un personaje sobre mí
que sólo existe en tu mente…
El color de tus sentimientos
es tan perjudicial para ti,
que todo el daño que me puedas causar.
Te extrañaré, claro que sí,
porque mis sentimientos sí tienen color
y en este tiempo te he sabido amar;
yo te he dibujado en cada noche,
te he deseado en mi cama,
te he visto colgar de mis brazos,
embelesarte en mi pecho;

tú has sido una amalgama de amor
que me ha regalado su esencia,
pero lástima que tus sentimientos
hayan perdido su color.

12- <u>ES PARTE DE MÍ</u>

No puede faltar el amor en mi mesa,
¿para qué una digestión sin besos?
Yo quiero sobre mi cama de remesa,
un cuerpo que convulsione en excesos.

No tiene menopausia la dictadura
que encadena un alma a la mía;
ni me han roto por amar la dentadura
cuando por picaflor, me trabó la policía.

No he sido rehén de los complejos
porque los complejos no tienen sentidos;
pero sí me han mirado desnudo los espejos,
esos testigos que no andan escondidos.

No se puede calcular la capacidad febril
que comparte un espacio sin barandas;
yo que fui primavera y no en el mes de abril,
lo he sido durante los meses de parrandas.

No es que yo sea un prometido de los azares
ni un ser montaraz que ahora es parte de mí;
pero si adquirí algo, ha sido de los avatares
que se han revolcado todos por donde salí.

13- <u>HOY ME LLAMASTE</u>

Escuché tu voz aterciopelada,
hoy cuando me llamaste;
sé que te sentiste amada
y mi cariño lo anhelaste.

Me llamaste para hacerme
un pedazo de compromisos;
para contigo engrandecerme
sin fórmulas ni hechizos.

Hoy al vibrar mi receptor
me penetraste hasta talar,
mi corazón con tu amor
que son dos locos de atar.

Yo me he convertido
en tu presa a la distancia;
pero las almas hallan nido
sin importar la estancia.

Hoy me llamaste para eso
para recordarme que te amo;
para decirme que el sexo
está anulado sin reclamo.

Tus palabras se hicieron
un himno en mi subsistencia;
mis deseos por ti crecieron
hasta verte en tu ausencia.

Me llamaste desde lejos hoy,
en secreto y con dificultades;
pero te confieso que aquí estoy,
exorándote en mis necesidades.

14- <u>ESTÁS COMO QUIEN DIRÍA EN MÍ</u>

Te imagino en mis brazos como una hiedra
que se pende sobre el asa;
mientras se enreda dispersamente por cada piedra
y después cubres mi cuerpo como una casa.

Te imagino como la cáscara del algarrobo,
como el sol de los planetas;
y creo que hasta en tu ausencia te robo
y te encuentro hasta en mis chancletas.

Te imagino como el sueño del cansancio,
como el agua del río escurriéndose por mi piel;
este "imaginarte" tan mío no se pone rancio
ni mi corazón infiel.

Te imagino sentada en mi alma descubierta,
estás como quien diría en mí
de umbral de mi puerta,
relampagueándome para pensar más y más en ti.

15- <u>TU RECHAZO</u>

Hay rechazo en tu mirada
por el peligro de convertirte en mi amada;
hay rechazo en tu corazón
porque corres el riesgo de perder la razón.

Sabes que hay rechazo
porque Cupido puede soltarnos un flechazo;
hay rechazo porque me sientes,
porque sabes que en mi alma te presientes.

El temor de amarme es tu rechazo
por huirle de alguna forma a nuestro lazo;
hay rechazo porque husmeas el amor,
porque en invierno puedo ser tu calor.

Tu rechazo es una directriz
que has querido trazarte para hallar un desliz,
y apartarnos de nosotros
para encontrarnos en los brazos de otros.

Tu rechazo a veces me parece majadero,
lleno de prejuicios y limosnero;
yo nunca podría rechazar
el amor cuando vislumbra un verdadero hogar.

En tu rechazo me convenzo de la inopia,
de la escasez de sentimientos propia;
buscarte y hallarse cuesta mucho
y tú y yo nos encontramos, y aun por ti lucho.

No me va a hacer tu rechazo
un simple, roto y derrotado gazpacho;
te convenceré poco a poco de este sentimiento
y dejarás de rechazarme, en algún momento.

16- <u>LA OTRA NOCHE CONTIGO</u>

Andando por el bulevar de la bahía
he contemplado caer tu pelo negro
fleteado por la brisa del mar…
Sobre tu cara de manantial eterno
estabas como porcelana del Medio Oriente,
alucinaría con escalar por tus senos
hasta llegar a la Torre Eiffel;
tus caderas sobre mis caderas,
¡qué movimiento telúrico ese!

Yo soy el pillo que te convierte en sol,
el verso que te da metáforas
para tocarte con pasión inaudita,
llevando tatuajes tuyos de la otra noche
para después decir: «Anoche te amé» …
Y así caminar sin rumbo por tu piel,
pensándote como nadie te piensa
con el recurso de los besos furtivos;
de los mismos escondites del Deseo.

La otra noche fui tu hormiguita,
la que te recorre todo el cuerpo despacito;
te busqué en cada poro y me escondí en ellos,
la policía de tu erizamiento me detectó
y tus manos me pararon para encarcelarme…
Nada pudo con mi amor sobre tu epidermis,
te arrebatabas como yo contigo
y nos hicimos fugitivos voraces del amar,
dos candelabros que encendieron
la noche con besos.

17- <u>DESAPARÉCEME EN TUS BRAZOS</u>

Desaparéceme en tus brazos
en esta noche teñida de blancura por la luna llena;
eres la dueña de mi persona,
cuélgame en tus labios de alpinista,
altérame con tu ionización las hormonas
y desaparéceme en tu pecho podado de ternura,
sin dejarme caer hasta desembocar
en la espuma producida por tus besos,
en la desembocadura de tu río de amor.

En tus parcelas celulares descansaré
rendido de tanto amarte y desaparéceme en tus brazos
que ya tendrán un océano de mi sudor;
eclípsame sobre tu pelvis azucarada
donde yo seré una hormiguita gigante
que se va endulzando, con el néctar de tus entrañas.

Desaparéceme en tus brazos
como por arte de magia y entrega;
conviértete en una ilusionista bajo las sábanas,
encontrémonos en la invisibilidad:
tú cargando señales de suspiros y yo por el Cairo,
porque así soñaré mientras me hipnotizas.
mientras me claves pasiones en mis poros abiertos.

Desaparéceme en tus brazos
y destuerce mis ganas que se enredan en tu piel;
mezcladme un poco con tu enjundia,
retózame desnuda por los cielos de mi placer
y así cargaré los crepúsculos de tu aroma usado,
cuando ya de una vez y por todas
me hayas desaparecido, amándome con tus brazos.

18- <u>TENGO QUE DISIMULAR TU ADIÓS</u>

Pautar sobre ti, con mis sentimientos es muy duro
y estás en esa isla encerrada de acosos;
tú eres mi princesa india, pero yo te auguro,
que no te vas de mi corazón, ni con mil sollozos.

Tengo que disimular tu adiós con tranquilidad
aunque llore por dentro y no salgan las estrellas;
eres tan grande que no me hace falta la verdad,
porque eres la más bella, entre todas las Bellas.

Te tengo que dejar ir porque es por tu protección,
la vida cambia cuando vuelves a amar y no cedes;
las ataduras de la costumbre se hacen una traición
y tienes que cargar grilletes, cuando apenas puedes.

Pero yo seguiré aquí destronado de tu cara,
imaginándome que eres el viento que me toca;
no quiero fanfarronear cuando la emoción no para
y minuciosamente, te esperaré sin abrir la boca.

Por eso en mi rutina diaria disimularé tu adiós,
alcanzaré la tristeza del que sabe llevar una espina;
y sé que pensarás que esto ha sido todo entre los dos,
aunque a veces te retractes y me veas en tu rutina.

19- <u>VECINOS AMANTES</u>

Al cruzar la calle está tu puerta,
la misma que saluda a la mía;
yo sé que la mirada es incierta
por la sospecha de compañía.

Nos miran todos indiferentes,
de escenario los dos jardines;
hay unas voces de mil gentes
y de transeúntes en patines.

Pero así nos veremos tú y yo
entre las rejas de mi portón;
habrá alguien que estacionó
su auto al frente de tu callejón.

Vivo al acecho de tu anatomía
e improvisamos el eufemismo;
tu chihuahua me ladra cada día
advirtiendo nuestro despotismo.

No queremos un dilema ajeno
y tenemos opiniones propias;
tu familia sabe que soy bueno
porque ven que ando sin copias.

A veces me parezco aquel tipo
que se detiene en la esquina;
otras me invento un arquetipo
para disimular con otra vecina.

El caso es que somos amantes,
te asomas en tu balcón a ver;
y yo inspecciono los estantes
que se llenan después de llover.

Vecinos de una pasión hirviente,
imposibilitados por tu noviazgo;
también tengo algo en el presente
pero nuestro desliz, ya es hallazgo.

No se puede coincidir tanto así,
cuando nos gustamos y sentimos;
yo enloquezco al verte frente a mí
sin preguntar, ¿por qué lo hicimos?

Vecinos amantes ahora somos,
tú calidad de aparentar la nada;
y reencarnamos en otros tomos:
Parque, Motel y otra Madrugada.

Seguiremos siendo estos vecinos
que el alba nos despierta cerca;
sólo abres tu ventana sin caminos
y la luz del deseo, nos acerca.

20- <u>CIEGOS BAJO UN MISMO TECHO</u>

A tientas andan dos ciegos sin archipiélagos,
que por jugar al amor eterno se juntaron;
ahora son dos ciegos como murciélagos
que entre paredes chocan··· y nada alcanzaron.

No hay quien detenga el aferramiento ignorante,
la conjetura de otros cuerpos apropiarse;
y son las mismas almas que se apresan al instante
aunque siempre trajinan sueltas, al traicionarse.

Ciegos bajo un mismo techo, parecen fantasmas
que sólo hablan para maltratarse por gusto;
para gritarse exorcizando hasta padecer de mil asmas
por el desacople banal y habitar en el susto.

Es indeleble el maltrato emocional que ocasionan
dos ciegos bajo un mismo techo;
son dos vidas que inútilmente se fraccionan
y no le dan paso a lo nuevo y la aceptación del hecho.

Dos ciegos que comparten cama como polos iguales,
de esos que se repelen por ser idénticos;
sin saber que en las indiferencias personales
yacen más fácil los amores auténticos.

Pero así son los humanos del pensamiento truncado,
de los que les han enseñado a quedarse;
los que la costumbre los ha vuelto su enamorado,
sin importarle que tengan otro ser a su lado para amarse.

Es triste vivir con otro ciego que no ve como tú,
escudriñarse hasta de cada cena y querer volar sin alas;
todo por tal de no ver del heredado vudú
ese atamiento inconforme, que ya ni muriendo avalas.

Dos ciegos bajo un mismo techo conviven,
el resultado puede ser hasta criaturas inocentes;
dos seres que no se enteran de que apenas suspiran y viven,
tan perdidos que no saben que están ausentes.

21- <u>BESOS MÍOS</u>

Besos míos,
inmortalidad de un instante;
saliva compartida con otra boca,
distancia que acerca el deseo,
magia de amar en cualquier parte.

Besos míos,
alaridos del corazón que ama,
apertura de cuadros invisibles,
compañía de otros labios,
un empalme corporal estupendo.

Besos míos,
los entrego con toda pasión;
navego por su agua caritativa
para convertir en eternidad,
sus interminables secuestros.

Besos míos,
tan locos o tan furtivos,
tan llenos de carne y sudor;
estos que brotan por ella,
los de la miel de cada poema.

Besos míos,
mariscales de mi primer amor,
boticarios de la salvación;
sin estos ósculos propios
me faltaría la vida sin besar.

22- <u>BESTIALIZADO POETA</u>

Yo soy un bestializado poeta gruñendo
con versos efímeros;
lánguido
en un mundo febril.
Es una bestia
la poesía en mí,
un escape dinámico
que me hace ser Yo.
Fabricar poemas
es una pista de carrera
en mi embestida
con musas,
caminar descalzo
sobre libros de antaño,
emular siluetas de mujeres
y amar descarnadamente
lo prosaico
y hacer un nido
reverdecido de amores,
es la bestia que soy.
Bestializado poeta
con un destierro a cuestas
y una doctrina antisocialista
que me hace ser
el Washington moderno,
el gruñón
de las multitudes vagas
y como si fuera poco,
soy el león que ha construido
para sí mismo
una jungla poética,
donde sólo soy el rey
de mi melodía por escrito.

23- <u>MIENTRAS MÁS TE ALEJAS DE MÍ...</u>

Mientras más te alejas de mí es peor,
más tentativa se te hace la situación;
no sé cómo se resuelve el juicio del Amor
y en astrología, no anda bien el signo escorpión.

Mientras más te alejas de mí sufrimos,
no es sólo porque no hablemos, sino por sentir;
y es imposible olvidarnos de lo que sentimos,
porque lo llevas adentro y no se puede impedir.

Mientras más te alejas de mí llorarás,
como lloro yo aquí sin ti y por ti cada día;
ves que te estoy pensando porque en tu alma oirás,
el traspaso invisible de mis electrones por telepatía.

Mientras más te alejas de mí descubres,
que la distancia y el escape no apartan corazones;
y si en el retozo de algún juego a tu lado te cubres,
será sólo momentos de inútiles distracciones.

Mientras más te alejas de mí te embrollas,
buscarás la forma de correr hasta que te alcance;
no yo, no de lo que huyes, sino de lo que te enrollas
debajo del manto de pasión, que tiene su percance.

Mientras más te alejas de mí dolerá,
nos dolerá como duele una muela acabada de extraer;
tan siquiera seré yo, el más que te recordará,
no por nada, sino porque desde la lejanía ya te sé querer.

24- <u>ATESORAS MUSAS INCOMPATIBLES</u>

Una pesadilla en Constantinopla
hereda a una trigueña desnuda;
en España una gitana y una copla
son las que versan una lira muda.

Un centenario difuso en Milán
ha quebrantado la felicidad rusa;
el dinero de un negocio talibán
calentó la piel de una china sin blusa.

Y así atesoras musas incompatibles
que no se asocian con la realidad;
pero puede ser que sean todas posibles
cuando no aciertas despierto una verdad.

25- <u>DELINCUENCIA CON TU DESNUDEZ</u>

Yo soy un ladrón que con sus ojos
te puede desnudar y quitarte el turbante;
más tarde al pestañar entro a tus glóbulos rojos
y me oxigeno con la catapulta de tu diamante.

Y como rayo láser mi mirada penetra en ti,
te voy tocando con mi imaginación todo;
aunque ignoras que en tu alma yo descubrí,
lo que por fuera se aparenta de otro modo.

Yo hago una delincuencia con tu desnudez,
me aparto del resto del mundo entre tus piernas;
conservo limpiamente mis catalejos en tu tez,
para ver claramente el agua de tus cisternas.

Me ha perseguido el policía de tu instinto
y yo no me dejo atrapar y sigo de encubierto;
porque también soy tu investigador, pero distinto,
porque voy estafando todo lo que tienes cubierto.

Esta delincuencia es tan benévola que es increíble,
yo te toco sin acercarme a ti y te miro sin estar;
será que el Deseo y el Amor me han hecho irresistible,
que soy un delincuente al punto de llegarte a desnudar.

26- <u>RESPONDE</u>

Responde que estoy esperando tu respuesta,
sobre ti voy a escribir con la tinta del amor
el nombre de los dos;
te extraño mucho sin saber el porqué,
responde que estoy supurando sin ti aquí···
Ya me hice delincuente hasta de la desnudez
por tu desaparición,
quiero hacerte el amor... ¿Me dejas?
Entre tus piernas nace el sol,
contigo siempre es tan tarde que no amanece.

Responde que nadie sabe quién eres,
me has elevado más que los rascacielos,
has abierto las cuencas de mi corazón,
las entradas de los sentimientos dormitados
de esos que hacía tiempo,
nadie podía removerme por la pereza del desamor.

Responde que la rutina mundana
ha habitado en mi vida por falta de ilusión;
endereza mis días con tu sonrisa,
usa la tecnología para que sirva de algo tan útil
como es el amarte
y olvida los pudores y las manipulaciones.

Responde con tu mímica labial,
lánzame una señal de humo
pero restriégame tu sudor en la piel;
quiero ser tu lazo al cuello,
vender agua en la sequía de tu desierto.

Responde que tengo lágrimas en mis palabras,
que lloro tanto que no lo ves;
te persigo por cada rincón del Internet,
te fusilo en mis resentimientos
y no apareces para defenderlos.

Responde que necesito tu pastilla
para bajar esta fiebre contagiosa de tus besos;
esta locura que hace recordar el Holocausto,
los peores acontecimientos por amarte…

Responde que el amor es una demencia
al menos cuando te desapareces;
así me siento tan perdido,
tan lleno de alegría para darte,
tan rebosado de diccionarios románticos.

Responde que estoy chorreando sangre,
corazones en papeles pintados de rojo;
aquí estoy mutilado de esperanzas,
escribiendo poemas sin saber quién los lee.

Responde porque estoy tardío
con este apetito tan fresco de ti;
se me puede marchitar la existencia,
se me pueden acabar los suspiros sin besarte.

Responde que anhelo más que respirar… verte,
irme contigo de paseo por los sueños,
regresar algún día a Paris;
ser en tus brazos una cometa sin volar.

Responde para asegurarme en el refugio de tu voz,
meditar en tus senos sobre mi hombría,
llenar de tus cabellos mi zurrón,
conquistar las cordilleras de Los Andes
sentado en tu cintura.

Responde por favor porque me voy sin ti,
en busca de un espacio sideral,
donde habiten Ángeles y me den luz;
ya que en esta tierra no la he vuelto a encontrar
desde que te has ido tú,
del alcance de mis ojos.

Responde, aunque sea la última vez
y me digas que ya no me quieres ni me deseas,
ni me amas ni me echas de menos…

Responde esta simple pregunta
y me iré a morir en paz,
como mueren los desalmados sin amor.

27- <u>DESCÚBRETE ANTE MIS OJOS</u>

Descúbrete ante mis ojos, así te quiero poseer,
no temas soltar las cortinas que adornan tu cuerpo,
que se te vería mucho mejor si las dejas caer,
y así me permites pegarme a tu piel de anticuerpo.

Descúbrete ante mis ojos y no desatiendas mi mirada,
que tus años no me interesan ni tampoco tus cicatrices;
desemboca dispuesta en mi pecho y desarropada,
que con el ensamble de nuestros poros seremos felices.

Descúbrete ante mis ojos y no derroches un segundo,
que, en mi gnosis, la vida cuesta más pensarla que vivirla;
yo mientras esté amándote, que se me acabe el mundo
y a ti por amarme, que se te gaste mi pasión al sentirla.

Descúbrete ante mis ojos, acércate a mis manos,
porque a través del espacio compartido sale el calor
o la furia de las llamas del combate entre dos humanos,
pero en este caso de un hombre y una mujer, por amor.

Descúbrete ante mis ojos y sueña que vuelas conmigo,
yo te daré los besos entre los labios y las mejillas;
tú sentirás que, abrazándote despacito, te rozo el ombligo
y el cosquilleo de mi cariño, te irá aflojando las rodillas.

Descúbrete ante mis ojos que nos queda poco tiempo,
ya saldrá el sol para nuestro romance casi tardío;
yo que he querido nacer en tus entrañas sin contratiempo
pero lo más interesante, es que a ti te ha gustado este lío.

Descúbrete ante mis ojos sin recordar otras primaveras,
yo verteré fuego en las cenizas que has conservado;
y una vez que llegue de explorador a tus caderas,
nos sentiremos triunfadores del clímax conquistado.

28- <u>CONTIGO A MI LADO</u>

Contigo a mi lado, esta casa me parece una beca,
la rutina de dormir pegado a ti es una adicción;
y por cada una de tus ilusiones me sale una peca,
mientras entre bastidor y cuerpos, hay inflexión.

Nuestras discusiones obtienen sabores y calvarios,
yo a tu lado siempre estoy hallando hipotenusas;
a veces cuando me gritas, quiero romper los armarios,
pero me retiro a este rincón para escribir mis musas.

Contigo a mi lado, la noche más fría es un té caliente,
por la única razón que no he dejado de estar contigo
es porque te extraño tanto, que me luces indiferente…
Vivir a tu lado es sentir, que solamente estoy conmigo.

No he podido ser tan cruel con este amor tuyo y mío,
la soledad acompañada trae cansancio cursi al desvelo;
y así mis ojeras crecen frente a la tele con este hastío,
que no es tan sólo tuyo y mío, a todos nos toma el pelo.

Contigo a mi lado, a veces ambiciono podar el jardín,
irme de vacaciones sin tu recuerdo ni mis costumbres;
respirar cerca de tu vida es como un principio sin fin,
donde se enciende nuestro fogón para cocer legumbres.

El masoquismo mutuo tiene una falla peculiar también,
la entrega a una convivencia con el futuro en bancarrota;
pero con mi paciencia he llegado a contar hasta cien,
por tal que, junto a ti, nuestra guerra no sea una derrota.

Contigo a mi lado, el crecimiento espiritual es notable,
pero trabajando tanto logramos un ascenso material;
aunque en esto que se llama Matrimonio es incontable,
las veces que se sube y se baja, que se está bien o mal.

Y así se va enfriando más lo que ya estaba tan caliente,
y entre estas paredes, techo y piso, contigo a mi lado;
no hay mensaje más subversivo que llevarte en la mente,
ni hay dolor más sincero, que estar de ti enamorado.

29- <u>AQUÍ HAY AMOR</u>

Aquí hay amor,
aquí hay razón para quererte tanto;
aquí hay ternura por ti,
aquí yo vivo pensando hasta en lo que haces.

Aquí hay amor,
te lo digo con toda sinceridad;
no juego con tus sentimientos ni los de nadie,
aquí hay reconocimiento a tu existencia.

Aquí hay amor,
paz que me da la sensación de extrañarte;
porque en tu ausencia recapitulo tu ser,
me encomiendo a tus brazos desnudos.

Aquí hay amor,
señal de fuego en nuestros corazones;
aquí me entrego yo a tu vida,
aquí me conservo en tu vientre en celo.

Aquí hay amor,
para escaparme al lado opuesto de tu cama;
meterme debajo de las sábanas con caricias,
aquí tengo esa pasión por amarte.

Aquí hay amor,
amor del bueno y soledades de compañía;
aquí me encuentro contigo
en este punto equis tan cercano del sentir.

Aquí hay amor,
aquí quiero estar contigo, abrazadita a mi pecho;
aquí deseo morir yo con tu calor,
aquí me quedo yo besando tu alma.

30- <u>ARRÉSTATE</u>

Arréstate a vivir de marcapaso en mi corazón,
a navegar como glóbulo por mi sangre;
arréstate a ser zíper en mi pantalón,
a ser el pan que mata mi hambre.

Arréstate a comenzar una vida conmigo,
a irte de vacaciones por mis labios;
arréstate a venderme periódicos cada domingo,
a ser el milico que no me reporta agravios.

Arréstate a ser una escalera para llegar a mí,
a canjear monedas para comprar mi espacio;
arréstate a querer como te quiero yo a ti,
a imaginarte como te recorro despacio.

Arréstate a decirme chismes de peluquería,
a visitarme en la parte posterior de mi coche;
arréstate acompañar mi cuerpo a plena luz del día,
a vagar por mi piel cuando caiga la noche.

Arréstate a soñar bajo las estrellas de mi ciudad,
a santiguar mi continente con tus caderas;
arréstate a ser un ciclón en mi felicidad,
a venir de sueño reparador y cubrirme las ojeras.

Arréstate a inventarme un nuevo amor,
a hacerme creer en los políticos de alguna parte;
arréstate a ser la dama de este señor,
a exiliarte en la musa constante de mi arte.

31- <u>ASUMIRÉ EL RIESGO</u>

Aunque muchos seres humanos
parezcan como encerrados en un zoológico;
yo por ti pongo el fuego en mis manos
y me mudo al circo de lo desaconsejable e ilógico.

Aunque me parapete con mi ilusión
en las cuevas de Afganistán por tal de atraparte;
yo sé que aquí te licuarás en mi corazón
por este reto de seguirte por la vida hasta alcanzarte.

Aunque la hipnosis no actúe conmigo,
yo intentaré visualizarte en el santiamén de respirar;
imanaré con amor los hilos de mi abrigo
intentando atraerte con esa fuerza del verbo desear.

Aunque en Moscú falten mis huesos
y en mi cena sin discípulos tu compañía y arrumacos;
aun así, te buscaré con los sesos
recorriendo la Estatua de la Libertad hasta los sobacos.

Aunque me insinúen la permuta
de este planeta asombroso por otro todavía sin descubrir;
yo peregrinaría como Teresa de Calcuta
por tal de arrancarle a tu existencia, un permanente elixir.

Y aunque asumiré este riesgo
por clonarte en mi pecho y de adorno en mi alcoba;
las noches sin ti me las restriego
para lavarme la desesperación, que ya a mi cara aboba.

32- <u>Y ASÍ TE DEJO EN LOS BRAZOS DE DIOS</u>

Te envío un beso envuelto en un Te amo,
un Te quiero con ganas de estar contigo;
te envío una foto para que me veas cuando no te llamo
y mis dedos para que jueguen con tu ombligo.

Te envío un sueño para que lo pongas en tus ojos
y mi corazón que te late hasta enamorarte;
te envío mi piel para que te proteja de los abrojos
y un suspiro para que entiendas lo que es amarte.

Te envío canciones que escribo pensando en tu amor
y un sentimiento que es de los dos;
te envío una carta firmada con los pétalos de una flor
y así te dejo en los brazos de Dios…

33- <u>DE SAFARI SOBRE TU PIEL</u>

Estoy de safari esta noche por las selvas de tu piel,
apartando animales salvajes y explorando tus poros;
he localizado en los sitios de tu cuerpo panales de miel,
planicies enteras de vellos exóticos para pastar mis toros.

Mis pies corren sobre tus ciénagas y escurro mi sudor,
sobre tus montañas azucaradas habitan mis hormigas;
este safari tiene prórroga persuadida al hacerte el amor,
barajas que jugaría en tu jungla por cada letra que digas.

Yo seré un alpinista al entrar a tus cuevas tan silvestres,
la vegetación entre tus riberas cubre como me gusta a mí;
sé que al platicar del tema parecerá de extraterrestres,
pero me siguen encantando tus hierbas que crecen así.

Con mis manos culminaré el safari que circula tu dermis,
aunque detrás tus aves de rapiña me perseguirán de lejos;
y tus gatunas se gastarán las uñas arañando mi epidermis,
mientras, saldré de esta excursión con tu sabor en reflejos.

Cuando revele las fotos del safari sobre tu piel esta noche,
verás el recorrido tan amplio que di sobre tu colchón;
es el lugar que mejor he hallado después de mi coche,
para viajar contigo, entre mis brazos y darte mi corazón.

34- <u>REHENES DEL CORAZÓN</u>

Tú y yo sabemos, que este amor nuestro es prohibido,
que se desaguan las venas por las ganas de un beso;
pero ¿qué se puede hacer si el deseo no es permitido?
Y, sin embargo, el humano no entiende este proceso.

Tú y yo simplemente, somos dos obstinados reclusos,
inherentes que comparten camas de otros y vacías;
conscientemente creemos, que nos faltan los desusos
y las directrices cabales del macizo de las antropologías.

Tú y yo positivamente, somos rehenes del corazón,
no queremos aceptar que existimos por un delirio;
estas fracciones de segundos para desafiar la razón,
hacen sentirnos alejados al punto, de dejar el martirio.

Tú y yo estamos encarcelados, en el botín de las almas,
expuestos al sufrimiento inútil por perseguir la Nada;
al final de la vida verás que en cobardía te desalmas,
y habremos escrito un cuento imaginario de algún hada.

Tú y yo somos la apariencia y agrandamos la hipocresía,
cuando nos miramos amordazados por la fuerte tentación;
y los incontenibles instantes de escuchar la astrología,
para afirmar que nuestros signos son rehenes del corazón.

Tú y yo velamos a cada centinela, por tal de vernos,
sé que se nos escapan los ojos hasta olvidar el pecado;
y anhelamos la fuga de Alcatraz para así poseernos,
por satisfacer la efímera libertad del ser enamorado.

Tú y yo nos escondemos y cavilamos en lo furtivo,
somos más maquiavélicos que el carcelero y el fiscal;
y si esto que se le llama Corazón es rehén y está vivo,
pues ya verá lo que nos apresa, lo que es ser liberal.

Tú y yo acallados, bergantes de promesas a solas,
viendo hilar la tecnología y construyendo tantos puentes;
convencidos de ser rehenes del corazón y en bataholas,
desatar las cadenas y salir de prisión con nuestras mentes.

35- <u>**PASEAR POR TU OMBLIGO**</u>

Tiro la cuerda sobre tu cuerpo empezando sobre tu frente. Ahí me lanzo de excursionista en busca de tus ojos silvestres. Sigo bajando despacito, descubro pedregales en tus senos. Me quedo aislado en tu cintura, mi objetivo es pasear por tu ombligo y sacarle fotos a tu universo desde allí, ya que es como el centro de la tierra tu precioso cratercito.

Me apuntas con tus diez dedos sobre mi espalda, y hay una cigüeña mirando por la ventana. Quieres exportarme a tus brazos y hacerme que desista de lograr mi paseo tan sápido por tu ombligo, y no es justo que cruce tantos obstáculos para que no me dejes descansar sobre tu vientre.

Y finalmente he llegado a tus plantas, desde allá abajo empiezo a subir nuevamente la cuerda, que me llevará hasta la escalinata de tu boca, donde las cataratas de tu saliva refrescarán mis labios, y donde mi lengua pasará la noche…

36- <u>EL HOSPEDAJE DE TU HABITACIÓN</u>

He pasado la noche en el cobijo de tus brazos,
el portero de guardia me dio la llave de tu corazón;
ingresé a la gran mansión de tus abrazos,
en el hospedaje de tu habitación.

Allí descubrí tus sentimientos en el lobby de tu Ser,
mi reservación estaba hecha;
pero en una cuenta de antaño facturó otra mujer
que, por loco y desesperado, dejó mi alma desecha.

Aunque hoy al abrir la ventana de tu alcoba
el Sol me sonrió alegremente;
tan alegremente que enjuicié que tu vida me roba,
pero tan feliz, que me ames abiertamente.

Y aquí estoy alojado en tu morada,
en la repisa de tu desnudez a quemarropa y sin pijama;
hay una factura sin saldo en tu almohada
y un letrero de venta, en mi cama.

Porque no regreso a mi antigua situación,
me quedo contigo de centinela en tu privacidad,
en el hospedaje de tu Habitación,
en la prórroga de tu intimidad.

37- <u>LA ADICCIÓN DE ADÁN</u>

No sé si Adán fue tan frugívoro como yo
y si mordió la manzana de Eva, como yo la tuya;
pero mi pasión es alimentarme con lo que floreció
en tu jardín somático y ese pecado, que me arguya.

Pero en ti tengo la adicción de Adán,
camino en mañanas frescas por tus espesos matorrales;
y luego regreso en los atardeceres como el mismo galán
que perfuma en las noches, tus frutales.

Hay tanta parcela que se riega con tus fluidos,
que ahora entiendo como Adán y Eva deshicieron el Edén;
y es que así, creciendo en los instantes desapercibidos,
vamos también padeciendo de la adicción del desdén.

Mientras yo consumo tus anones y peras dulzonas,
sé ya que tengo la adición de Adán y no quiero perderla;
¡qué me expulsen del planeta cosechando en tus zonas!
Aunque prefiero arder por tal de tu poma, comerla.

Son los zumos que has heredado de Eva,
lo que me tiene a mí como Adán de adictivo;
yo sé que públicamente cosechar tus frutas no deba,
pero con esta adición a ti, es difícil no verte de aperitivo.

38- <u>VEN Y APRIÉTAME ESTA NOCHE</u>

Ven calladita a mis brazos y apriétame esta noche,
ya he terminado de trabajar y nos vamos al coche.
Yo sé que te han dicho que soy peligroso con las mujeres,
pero a mí, mi pecho, me dice que sabe quién eres…

Ven y apriétame esta noche, que ya mis rodillas tiritan,
sólo con pensar que voy a besarte mis labios se excitan.
Ahí está clavada la oscuridad, pero no me importa,
porque entre más oscuro es el momento, más te exhorta.

Ven y consigue apretarme todo el torso, y yo me encargo
mientras tanto, de darle a nuestros besos de largo…
Y así tú reclinada en el asiento del pasajero de mi coche,
yo te dejaré que me aprietes como nunca esta noche.

39- <u>¿POR QUÉ NO TE CONOCÍ ANTES?</u>

Anoche te conocí,
¡más bella no puedes ser!
Me has puesto un collar de pedigrí,
te me has hecho una mujer.

Implemento aniquilación
de sentimientos esmerados;
no te quiero en mi corazón,
me dan pena los enamorados.

Anoche te vi y qué inerte,
parezco un sembrado seco
que irriga su suelo tan sólo al verte;
y hoy por haberte conocido, peco.

¿Por qué no te conocí antes?
Me pregunto ahora…
Ya ni siquiera logramos ser amantes
y a mí se me fuga cada hora.

Tú, sin embargo, vienes creciendo,
y yo me voy mudando
adonde el amor se va volviendo,
como humo de un tren andando.

Anoche te conocí, es verdad,
me desbarataste el alma;
nunca he esperado la felicidad
pero contigo, hubiese tenido calma.

Esta es la misma pregunta anterior,
¿por qué no te conocí antes?
Aunque pensándolo mejor,
intentemos por un día, ser amantes.

40- <u>TE AMO A PLENITUD</u>

Te amo a plenitud
eso lo sabe mi corazón,
porque se lo ha dicho mi Ser
y mi alma retoza con tu amor en mí.

Te amo con esa abundancia
que te exonera en todo lo mío,
que recorres mis espacios desfavorecidos
para completarlos con tu esencia.

Sé que te amo a plenitud
porque nada me cuesta a tu lado,
ni la risa de mis huesos
ni los amaneceres en vela;
con tu cuerpo enroscado a mi piel.

Es una plenitud sin evasiva la del amor,
lo reconozco cuando te beso,
cuando te admiro, aun cuando me criticas,
cuando estás lejos y es como si estuvieras
iluminando mi espíritu con una luz larga.

Te amo a plenitud
y es esa sensación de las que se sienten,
que derraman paz en nuestro interior,
en el sitio fijo de las almas gemelas,
del retiro verdadero del descanso para amar.

Te amo a plenitud
me lo grita la vida diariamente;
me lo ha anunciado la revista de los sentimientos…
Te amo a plenitud como se ama,
te amo a plenitud con pasión y hasta la muerte.

41- <u>TE FUISTE DE MI CIUDAD</u>

Un día recibí un telegrama
que andabas por Australia;
mi vida padece un drama
cuando dicen que vas a Somalia.

Te fuiste de mi ciudad sin mí,
no sacaste pasaje redondo al final;
también has visitado Tahití
y uno que otro paraíso litoral.

A veces sueño con Alambique
y tú me traes recuerdos del Congo;
hasta en un safari en Mozambique
has contraído una especie de hongo.

Te fuiste de mi ciudad por loca,
metiste en una maleta mi sentir;
ahora de desahuciada te toca
regresar a mis pies a morir.

Pero como te fuiste de mi ciudad,
aquí el cabildero es mi corazón;
pero soy un ser que tiene piedad,
lo único que no pierdo la razón.

42- <u>UN TÉ SIN MÍ</u>

Has apartado una cita con mi ausencia
y esta tarde degustaste un té sin mí;
no sé si eres precisa con la paciencia,
pero estuve impaciente de no estar allí.

Tus manos jugaban nervosas con la taza
en la espera ineludible, porque yo no iría;
y el brebaje que se bebe fuera de casa
no es igual, al de un Café sin compañía.

Un té sin mí, que pauta una interrelación,
y puede ser un espacio que nadie lo vea;
o tal vez, el soplo exacto de una canción
en una mesa a tu lado, sin que yo lo crea.

Mientras la gente nublosa, entretenida,
ha percibido tu estado sin el pensamiento;
y tus labios casi amargos por cada sorbida,
de un té sin mí, en un equis momento…

Apuras la cita, a la que nunca me avisaste
y, sin embargo, te has bebido un té sin mí;
no importa, ya hace rato que terminaste
e ignoras que la tisana, contigo, me la bebí.

43- ¿A QUÉ SABEN TUS LABIOS?

¿A qué saben tus labios?
¿Acaso a té? ¿A manzanilla?
Tus labios saben a labios,
a labios que estrenan otros labios,
labios de amor con tu amor.

¿A qué saben tus labios?
¿Acaso a parcelas de Café?
No creo que tus labios
mitiguen por unos labios,
que sepan el sabor a Vida.

¿A qué saben tus labios?
¿Acaso a una historia nueva?
Tus labios son promesas,
porcelanas para otros labios.
¡Tus labios son mis labios!

44- <u>ACUÉSTATE EN MI CAMA</u>

No sé cómo lo hacen los ateos,
las monjas moralinas y el pastor;
las modelos de revistas y los feos,
y hasta los que critican el amor.

Si hay palabras indelebles para ti,
ven y acuéstate en mi cama hoy;
que el sexo es malo dicen por ahí,
los que les gusta lo que yo te doy.

Acuéstate en mi cama toda desierta,
sin miedo al concierto del bastidor;
que mi alma te deje tu alma abierta,
y nuestros cuerpos hagan el amor.

Alucina trémula sobre mi aura sutil,
amordaza mis manos con polaridad;
atrinchera en la sábana tu proyectil
y humedécete en mi masculinidad.

Cata mis sentimientos en mi cama,
acuéstate en mi pecho almidonado;
luego al descubrir cómo se te ama
y sentir la pasión de un enamorado.

Acuéstate en mi cama bien derecha,
con la mente pecadora y despierta;
ábreme con tu manto pueril la brecha
y no cierres más tu alma abierta.

Y en esta misma noche en mi cama,
acuéstate para encender tu incienso;
y dejar mi piel perfumada con la dama,
la cual, con amor y sexo, la pienso.

45- <u>HIRVIENDO</u>

Descoses la costura de mi cuerpo
con esa temperatura que traes encima,
y tratas de robarme el alma;
con una noche no te basta,
tienen que ser varias…
Hirviendo vivo en tu latitud,
me traes con pura lava la piel,
me despellejas, me descuartizas,
me desenvuelves en tu salitre
despedido con perfume de jazmín,
y arde, Amor, arde, arde mucho…
Imagina tu sal en mis células abiertas,
que haces desvanecer las acacias
de mi humedad con tu vapor.
Hirviendo con tus besos ultravioletas,
en la reacción en cadena
que se desata en tus entrañas,
el oxígeno de tu boca en mi tráquea;
ese calor de tu fuerza interior,
el muerto de mi deseo resucita una vez más;
no descanso, ¿cómo descansar?
-Con ese incendio de tus irradiaciones-.
Amor, que arden tus quemaduras,
me matas a fuego lento...
Estoy hirviendo por tus llamaradas,
me retuerces en las brasas de tu sexo,
me vuelves a quemar con tus caricias
que no dejan de arrojar lacrimógenos,
sustancias de tus labios
que desgarran el borde de los míos.
Hirviendo en tu vientre de plancha caliente,
en la fundición de tu espalda
tan exacta a la mujer fogosa,
del despertar de un hombre, hirviendo.